EXPEDITION VITAMINE

MEIN ERSTES GARTENBUCH FÜRS GANZE JAHR

HALLO LIEBER GARTENFREUND,

Obst und Gemüse sind gesund, das weiß jedes Kind. Denn sie enthalten **viele Vitamine und Nährstoffe,** die für unseren Körper wichtig sind. Richtige Vitamin-Bomben sozusagen! Natürlich kann man sein Obst und Gemüse in jedem Supermarkt kaufen. Dort sollte man allerdings immer auf **regionale und vor allem saisonale Produkte** zurückgreifen. Wenn du im Winter z. B. frische Erdbeeren in einem Obstregal findest, dann kannst du davon ausgehen, dass diese Erdbeeren einen **ganz langen Weg** zurücklegen mussten, um hierher zu gelangen. Denn eigentlich wachsen Erdbeeren nur in den frühen Sommermonaten. Um trotzdem Erdbeeren im Winter genießen zu können, werden sie in wärmeren Ländern, wie Ägypten oder Marokko auf dem afrikanischen Kontinent angebaut und dann nach Deutschland transportiert. Puh, von dort ist es für die Erdbeeren ein ziemlich weiter Weg und große Transportwege **belasten die Umwelt** ganz schön!

Wenn du also der Umwelt etwas Gutes tun möchtest, sind **regionale und saisonale Produkte** die bessere Wahl. Und am besten ist es, wenn du ganz genau weißt, woher dein Obst und Gemüse eigentlich kommt und wie es angebaut und geerntet wurde. Was würde sich dafür besser anbieten als **der eigene Garten oder Balkon?**

Denn selbst auf kleinen Flächen kannst du ganz viele Pflanzen **ganz einfach selbst anbauen!** In diesem Buch zeigen wir dir, wie es geht und was du aus Obst und Gemüse alles selber zubereiten kannst.

Darüber hinaus erfährst du, warum gerade Bienen für die Umwelt so wichtig sind und wie du ihren Bestand mit ein paar kleinen Pflanzen und Blumen sichern kannst. **Vielleicht hast du auch Lust ihnen ein Hotel zu bauen?**

VIEL SPASS BEIM GÄRTNERN UND ENTDECKEN!

S. 21

BALKON-KARTOFFELN

S. 67

INSEKTEN-HOTEL

S. 92

FRUCHTIGER ERDBEER-SMOOTHIE

! GANZ WICHTIG

Da man zum Gärtnern und Basteln oft mit verschiedenen Werkzeugen arbeiten muss, lass dir unbedingt immer von einem Erwachsenen helfen, damit du dir nicht wehtust. Und zusammen macht es doch sowieso viel mehr Spaß.

INHALT

GRUNDLAGEN & WISSENSWERTES

Im Garten und unter der Erde ist richtig was los!

Zeit, die Gartenhandschuhe auszupacken und richtig anzupacken. Sein eigenes Obst und Gemüse im Garten oder auf dem Balkon anzubauen ist nämlich eigentlich gar nicht so schwer. Denn vieles, wie z. B. Kräuter kann man bereits in kleinen Töpfen heranzüchten. In diesem Kapitel widmen wir uns den Gärtnergrundlagen: Welche Ausrüstung brauchst du, was kannst du wo und wie anpflanzen und welche nützlichen Hilfsmittel erleichtern dir das Gärtnern?

ALSO AN DIE SCHAUFELN, FERTIG – LOS!

OBST- & GEMÜSEANBAU LEICHT GEMACHT

Mit etwas Geschick kannst du das ganze Jahr dein eigenes Gemüse essen. Damit der Anbau klappt, braucht es Sonne, Wasser und Erde.

INFO

Pflanzen ernähren sich durch Nährstoffe aus dem Boden. Damit sie wachsen können, brauchen sie Erde, Wasser und Sonne. Wähle für Beete ein sonniges Plätzchen bevorzugt mit Nord-Süd-Ausrichtung. Du kannst auch vor dem Haus oder auf dem Balkon Pflanzen anbauen. Als Faustregel gilt: Je größer das Gefäß ist, desto weniger musst du gießen und düngen.

BALKONKASTEN

Ein typischer Balkonkasten hat eine Tiefe von 15 cm. Das ist genau richtig für Kräuter wie Basilikum, Petersilie, Thymian, Rosmarin und Schnittlauch sowie Pflücksalat, Feldsalat, Erdbeeren, Radieschen und Zwiebeln.

TOPFPFLANZEN

Karotten, Mangold, Rote Bete und Buschtomaten benötigen mehr Platz und brauchen Gefäße, die mindestens 25 cm breit und 20 cm tief sind. Ebenfalls wohl fühlen sich darin Kapuzinerkresse, Bienenweide und Paprika.

TIPP **Bei einem Bummel auf dem Flohmarkt kannst du tolle Pflanzgefäße finden. Halte Ausschau nach Töpfen, Teekannen oder Schubladen.**

OBSTKISTE

Platz da! Zucchini, Kürbis, Bohnen, Gurken und Erbsen kannst du in eine Obst- oder Weinkiste pflanzen. Auch Strauchtomaten und Auberginen brauchen für eine ertragreiche Ernte Platz zum Wachsen.

HÜGELBEET

Für größere Flächen im Garten eignet sich ein flaches Beet besonders gut, am besten in Form eines Hügelbeets. Es kann direkt auf dem Rasen angelegt werden. Als unterste Schicht dienen Äste und Holzstücke. Fülle die Lücken mit Holzhäckseln, Laub, Mist und Stroh. Nachdem das Material gut festgedrückt wurde, kann man das Beet mit einer Schicht aus reifem Kompost abdecken. Das Hügelbeet ist im ersten Jahr ein idealer Standort für Kürbis und Zucchini. Diese pflanzt du seitlich in das obere Drittel des Hügelbeets. Oben auf den Hügel kannst du Tomaten pflanzen.

ENTDECKUNGSREISE GARTEN

Im Garten geht es richtig rund. Und zwar nicht nur über, sondern auch unter der Erde. Dein Garten bietet Lebensraum für viele Tiere. An der Oberfläche tummeln sich Vögel, Insekten und Kleintiere. Viele Pflanzen dienen ihnen als Nahrungsquelle. So sorgen zum Beispiel Bienen dafür, dass sie Pollen von Blüte zu Blüte tragen. Dadurch können neue Blüten wachsen und später zu Obst und Gemüse heranreifen. Wusstest du, dass auch Vögel zur Verbreitung neuer Pflanzen beitragen? Sie ernähren sich unter anderem auch von Pflanzensamen und verbreiten diese an unterschiedlichen Orten.

Währenddessen wuselt es auch unter der Erde ganz schön. Wenn du kleine Erdhügel im Gras entdeckst, stammt dieser meistens von einem Maulwurf, der sich mit seinen schaufelartigen Vorderfüßen unter der Erde seinen Weg gegraben hat. Als Nahrungsquelle dienen ihm unter anderem Regenwürmer. Davon sollte er allerdings nicht zu viel vertilgen. Denn sie sind wahre Gartenhelfer. Sie fressen Pflanzenreste und produzieren so den besten Dünger überhaupt. Und ganz nebenbei graben sie auch noch den Garten um. Toll, oder?

DAS BRAUCHST DU ZUM GÄRTNERN

GUMMISTIEFEL

GARTENHAND-SCHUHE

SAMEN-TÜTCHEN

Lose Pflanzenkerne und -Samen bewahrst du am besten in kleinen Tütchen auf. Auf S. 40 findest du eine Anleitung, wie du sie selbst basteln kannst.

KLEINE GARTEN-SCHAUFEL

KLEINE HARKE

Die Harke ist einem Hühnerfuß nachempfunden. Hühner lockern den Boden durch das Scharren mit ihren spitzen Krallen perfekt auf.

GIESS-KANNE

TIPP

Pflege deine Werkzeuge: Du solltest sie nach der Benutzung mit Wasser säubern und trocknen. Das schützt deine Schaufel, Harke und Schere vor Rost.

BLUMENERDE

Sollte ein Sack Blumenerde einmal zur Neige gehen, schmeiß ihn nicht gleich weg. Denn du kannst darin auch Kartoffeln anbauen. Wie, erfährst du auf S. 21.

BLUMENTÖPFE

Blumentöpfe gibt es in vielen verschiedenen Größen und Farben. Je nachdem, was du anbauen möchtest, variiert die Größe der Töpfe. Kräuter geben sich zum Beispiel mit kleineren Töpfen zufrieden.

GARTEN-SCHERE

SAATGUT

Ohne Saatgut kann natürlich nichts wachsen. In einem Gartencenter findest du ganz viel Saatgut, aus dem wunderbares Gemüse oder herrlich duftende Kräuter wachsen können.

GROSSER SPATEN

Ein großer Spaten wird hauptsächlich auf großen Außenflächen benötigt, um z. B. Beete umzugraben. Das ist aber ganz schön anstrengend, hierbei sollte dir auch immer ein Erwachsener helfen, da die Schaufelkanten scharf sein könnten.

SAISONKALENDER ZUM ERNTEN

HERBST
SPINAT
MAIS
KÜRBIS
STANGEN-
SELLERIE
KARTOFFELN
APFEL
BIRNE

ROTKOHL
WINTER
ROSENKOHL
WIRSING
KNOLLEN-
SELLERIE
LAUCH
CHICOREE
ROTE
BEETE

MITTEL GEGEN UNLIEBSAME SCHÄDLINGE

Unerwünschte Insekten schaden deinen Pflanzen. Mit diesem natürlichen Mittel kannst du sie bekämpfen, das mögen sie nämlich überhaupt nicht.

DAS BRAUCHST DU:

- **2 LITER WASSER**
- **1 TL FEINKÖRNIGES NATRON**
- **2,5 EL PFLANZENÖL (SONNENBLUMENÖL ODER RAPSÖL)**

UND SO GEHT'S:

1 Fülle alles in eine Gartenspritze oder eine Sprühflasche. Gut schütteln. Sprühe die Mischung auf die betroffenen Pflanzen. Achte darauf, dass du nicht die Blüten triffst.

Blattläuse sitzen oft gut getarnt auf der Blattunterseite.

TIPP

Gegen Blattläuse kannst du 1 Liter Wasser und 1 Esslöffel weißen Essig vermischen.

UNKRAUTVERNICHTUNGS-MITTEL

Essigsäure ist ein effizientes Unkrautvernichtungsmittel. Die Essigsäure kann eine Konzentration von 5 bis 10 % haben, ohne den pH-Wert des Bodens zu verändern oder das Abwasser zu verschmutzen.

DAS BRAUCHST DU:

- **GIESSKANNE ODER SPRÜHFLASCHE**
- **WEISSER ESSIG**

UND SO GEHT'S:

1 Verteile den Essig auf das Unkraut. Oft wächst es zwischen den Holzbrettern oder Bodenfließen der Terrasse und an Mauern entlang. Nutze diese Technik alle ein bis drei Monate. Das Unkraut auf Gartenwegen kannst du mit deiner Harke entfernen.

TIPP

Du kannst auch heißes Wasser auf dein Unkraut schütten. Passe auf, dass du dich nicht verbrennst!

FRÜHLING

Im Frühling erwacht die Natur aus ihrem Winterschlaf. Auch im Garten kann es jetzt hoch hergehen! Es ist nämlich Zeit, die ersten Samen zu streuen und auch schon die ersten Ernteerfolge aus der Wintersaat einzuheimsen!

PFLANZKALENDER

FRÜHLING

Fülle neue Erde in die Gefäße deiner Topfpflanzen. Die Nährstoffe sind nach einem Jahr aufgebraucht. Du musst aber nicht die ganze Erde austauschen, sondern kannst auch Bio-Dünger verwenden.

INFO

Setzlinge sind Jungpflanzen, die für ihr weiteres Wachsen an einen anderen Standort gebracht werden, z. B. auf die Fensterbank.

SETZLINGE AUF DER FENSTERBANK

FEBRUAR

Tomaten, Paprika und Chili

APRIL

Gurke und Zucchini

DIREKTSAAT IM GARTEN ODER TOPF

MÄRZ

Radieschen, Möhren und Salate

APRIL

Mangold, Rote Bete und Erbsen

MAI

Busch- oder Stangenbohnen

BALKON-KARTOFFELN

In großen Säcken kannst du Kartoffeln sogar auf dem Balkon anbauen. Lasse im März Speisekartoffeln austreiben. Sobald die Knollen etwa 2 cm lange Triebe gebildet haben, pflanzt du sie in einen Sack.

DAS BRAUCHST DU:

- PFLANZENERDE
- SACK (50 LITER VOLUMEN)
- GIESSKANNE

UND SO GEHT'S:

1. Befülle den Sack etwa 30 cm hoch mit Erde. Geeignet ist der Sack der Pflanzenerde oder eine Tasche des schwedischen Möbelhauses.
2. Pflanze die vorgekeimten Kartoffeln 5 cm tief ein und gieße sie an. Pro Sack kannst du zwei bis drei Saatkartoffeln anpflanzen.
3. Krempele den Rand des Sacks um, damit die Kartoffeln genug Sonnenlicht bekommen.
4. Sobald die Pflänzchen etwa 10 cm aus der Erde schauen, füllst du so viel Erde nach, bis nur noch die Blattspitzen sichtbar sind.
5. Wiederhole das „Anhäufeln" bis der Sack bis zum Rand gefüllt ist. Die Pflanze wird so zu mehr Knollenbildung angeregt.
6. Nach etwa 100 Tagen ist Zeit zum Ernten. Die richtige Zeit erkennst du an den welkenden Blätter der Pflanzen.

INFO

Aus einer Saatkartoffel wächst etwa ein Kilo Kartoffeln. Das reicht für ein kleines Festmahl.

KLEINE GARTENHELFER

Schmetterlinge sind nützlich für Pflanzen, denn auch sie bestäuben und sorgen somit für reichlich Wachstum. Damit sie sich in deinem Garten wohlfühlen, brauchen sie Pflanzen mit Nektar und solche, die ihre Raupen fressen können.

Tagpfauenauge

Blauschwarzer Eisvogel

Schwalben-schwanz

Kaisermantel

Baumweißling

Roter Apollo

TIPP

Stelle Schälchen mit Wasser auf. Schmetterlinge trinken Wasser und sie planschen gern.

INFO

Raupen müssen sofort nach dem Schlüpfen fressen. Je nach Art können sie sich nur von bestimmten Pflanzen ernähren. Die Schmetterlinge legen ihre Eier nur auf diesen Pflanzen ab.

Schwarzer Apollo

Vogelwicken-Bläuling

Zitronenfalter

Kleines Nachtpfauenauge

Schönbär

Kleiner Fuchs

Brombeer-Zipfelfalter

Segelfalter

DAS PASSIERT IM KOMPOST

Kompost ist eine wichtige Grundversorgung für einen fruchtbaren Nutzgartenboden. Du kannst ihn selbst herstellen. Kompostierung ist ein Kreislauf, der in der Natur ständig stattfindet.

VOM ABFALL ZUM ORGANISCHEN DÜNGER

1. Du wirfst organische Abfälle aus Küchen und Garten auf den Kompost
2. Abgestorbene Pflanzenteile verrotten
3. Kompostwürmer und andere Kleinstlebewesen wandeln sie in fruchtbare Erde um
4. Du entnimmst die Erde und verwendest sie als Dünger

JA

DAS DARF AUF DEN KOMPOST

- Gemüse- und Obstreste, Kartoffelschalen
- Kaffee- und Teesatz
- Grasschnitt
- Grünabfall aus dem Gemüsegarten
- Laub von Obstbäumen, sowie Linde, Ahorn, Esche und Hainbuche
- Gehäckseltes oder klein geschnittenes Material von Sträuchern, Hecken und Bäumen
- Rinder- und Pferdemist in Kombination mit Stroh
- Kleintiermist von Kaninchen, Meerschweinchen, Geflügel mit Einstreu
- Pflanzenkohle

NEIN

DAS GEHÖRT NICHT AUF DEN KOMPOST

- Zitronen- und Bananenschalen aus konventionellem Anbau
- Laub von Walnuss, Pappel und Eiche
- Heckenschnitt vom Lebensbaum (Thuja) und Eibe
- Samenstände von Beikräutern
- Hunde- und Katzenkot
- Plastik, Metall und andere Kunststoffe

INFO

Gebrauchsfertig ist der Kompost nach ein bis zwei Jahren.

BLUMEN FÜR BIENEN

Bienen bestäuben Pflanzen. Dadurch wächst Obst und Gemüse. Die fleißigen Insekten sind lebensnotwendig für uns, daher brauchen sie von Frühjahr bis Herbst ein vielfältiges Nahrungsangebot mit Pollen und Nektar.

GANZ FRÜH IM JAHR

Bereits die ersten Winterlinge, Krokusse und Schneeglöckchen sorgen für Nahrung.

GROSSE BLUMEN

Gelbsenf, Zierlauch, Stockrosen und Sonnenblumen sind durch ihre großen Blühten ein wahres Buffet!

AUF DEM BALKON

Mit Gemüseblüten von Bohnen, Paprika, Tomate, Aubergine, Zucchini bietest du den fleißigen Bienchen auf dem Balkon genug zu fressen.

OBSTBÄUME

Bienen lieben besonders Kirsch- und Apfelbaumblüten.

INFO

Wenn du Blumen für Bienen pflanzt, achte darauf, dass sie ungefüllte Blüten haben. Denn die haben viel weniger Blütenblätter als gefüllte. Bei diesen versperren die vielen Blätter nämlich den Weg zu den Pollen und die Bienen kommen nicht mehr an ihre Nahrung.

BIENENFREUNDLICHER BALKON

Balkonkästen eignen sich perfekt, um Kräuter anzupflanzen. Die kannst du nicht nur in der Küche verwenden, sondern sie bieten auch den kleinen Helferlein ein duftendes Buffet.

BASILIKUM

Eine herrliche Pflanze, die im Mai anfängt zu blühen und damit Bienen und Hummeln sehr erfreut. Basilikum benötigt dann im Sommer viel Wasser, damit er nicht vertrocknet. Möchtest du die Pflanze über den Winter bringen, stellst du sie am besten an einen hellen und kühlen Platz.

LAVENDEL

Lavendel duftet sehr intensiv und bietet für Bienen und Hummeln geradezu ein wahres Paradies. Im Gegensatz zum Basilikum hält es die Lavendelpflanze auch mal gut eine Zeit lang ohne Wasser aus. Es reicht, wenn du sie ein bis zwei Mal in der Woche gießt.

SALBEI

Auch der Salbei bietet für die wichtigen Tierchen eine gute Nahrungsquelle. Er ist zudem auch ein Kraut, das sich gut über den Winter bringen lässt.

SCHNITTLAUCH

Ob im Quark oder auf einem Butterbrot – Schnittlauch ist super lecker und kann ergiebig angebaut werden. Warte allerdings mit dem Ernten, bis der Schnittlauch blüht. Denn dann haben Bienen und Insekten noch mit den Blüten noch ein bisschen was zu tun.

SONNENBLUMEN PFLANZEN

Sonnenblumen lieben die Sonne und wenden ihr den ganzen Tag den Kopf zu. Sie ernähren mit Pollen und Nektar Hummeln, Bienen und andere Insekten.

DAS BRAUCHST DU:

- **ERDE**
- **TÖPFE**
- **SONNENBLUMEN-KERNE**
- **GIESSKANNE**

UND SO GEHT'S:

MÄRZ

1 Fülle den Topf mit feuchter Erde. Gieße sie bei Bedarf leicht.

2 Stecke drei bis fünf Körner etwa zwei Zentimeter in die Erde.

3 Stelle den Topf im Haus oder in der Wohnung an einen Ort mit fünf bis sechs Stunden Sonnenlicht pro Tag.

4 Halte die Erde feucht, indem du sie 1 mal pro Woche gießt.

5 Sonnenblumen sind Starkzehrer und benötigen entsprechend viele Nährstoffe. Dünge die Pflanzen deswegen ein bis zwei Mal pro Woche, z. B. mit selbst gemachtem Pflanzendünger, wie etwa aus Kaffeesatz.

6 Ab Ende Mai kannst du die Sonnenblumen ins Freie setzen.

7 Möchtest du die Blumen generell im Kübel oder Topf lassen, kannst du sie auch eher herausstellen. Hole sie aber ins Haus, wenn es Nachtfrost gibt.

INFO

Ursprünglich stammen Sonnenblumen aus Nord- und Mittelamerika. Der Deutsche Hans-Peter Schiffer hält den Weltrekord der größten Sonnenblume mit 9,17 Metern Höhe.

TIPP

Die Kerne eigenen sich perfekt als Futter für das Vogelhäuschen (S. 68).

SOMMER

Sommer, Sonne, Sonnenschein! Die ersten Erdbeeren naschen, den Duft von frischen Kräutern genießen und die Blumenpracht bestaunen – der Sommer ist einfach herrlich! Aber das bedeutet auch, dass deine Pflanzen ganz schön viel zu trinken und die richtige Pflege brauchen, damit sie in der Sommerhitze nicht eingehen.

PFLANZKALENDER

SOMMER

Das Hegen und Pflegen wird endlich belohnt: Im Sommer ist Erntezeit! Um Lücken zu füllen und für die Ernte im Winter kannst du neues Gemüse aussäen.

DIREKTSAAT

JUNI/JULI

Buschbohnen und Kohlrabi

JULI/AUGUST

Herbstretticha: Münchner Bier, Runder, schwarzer Winterrettich, Daikon Rettich

AUGUST

Spinat, Feldsalat, Winterportulak, Rucola oder Asiasalate

INFO

Gieße und dünge deine Gemüsepflanzen und Erdbeeren im Sommer regelmäßig. Sie brauchen deine Unterstützung, um Früchte zu bilden. Deine Buschbohnen, Erbsen, Radieschen und Kräuter musst du nicht düngen. Tipps zum Gießen findest du auf S. 34. Entferne verwelkte Pflanzenteile mit deiner Gartenschere. Das schützt die Gewächse vor Krankheiten.

ERNTE GLÜCK

Pass beim Ernten auf, dass du deine Pflanzen vorsichtig behandelst. Bei verschiedenen Sorten kannst du folgende Anwendungen beachten.

PFLÜCKEN

Bei Mangold und Pflücksalaten pflückst du nur die äußeren Blätter. Das Herz bleibt stehen. So wachsen die Pflanzen nach und du kannst sie noch oft pflücken.

ERNTEN

Zucchini und Gurken kannst du schon als kleine Früchte ernten. Junges Gemüse ist fester und schmeckt besser. Zum Ernten ziehst du mit der Hand an den Früchten bis sie sich lösen. Du kannst sie auch am Stil abschneiden.

ABSCHNEIDEN

Im Juli sind Paprika und Chili reif. Schneide die Schoten mit der Gartenschere oder einem Messer ab, damit keine Schäden an der Pflanze entstehen. Ziehe bei scharfen Chilis zum Schutz deine Handschuhe an.

ZIEHEN

Wurzelgemüse wie Möhren ziehst du aus der Erde. Packe eine Möhre fest am grünen Kraut und ziehe sie langsam nach oben.

TIPP

Die Zucchini-Blüten sind essbar. Du kannst sie mit Frischkäse füllen und anbraten.

SOMMER IM GARTEN

Im Sommer müssen die Pflanzen genau wie du mehr trinken.
Mit diesen kreativen Projekten macht das Gießen Spaß.

WASSER UND WURZEL

Tomaten und Melonen mögen auf ihren Blättern kein Wasser. Mit einem kleinen Trick gelangt das Wasser leicht zu den Wurzeln.

1 Schneide bei einer Plastikflasche den Boden ab.

2 Schraube den Deckel ab und stecke das ober Ende neben deiner Pflanze in den Boden.

3 Gieße das Wasser in die Flasche.

GIESSKANNE

Aus einer großen Plastikflasche kannst du ganz schnell eine Gießkanne zaubern.

1 Schraube den Deckel ab und bohre mit einer Schere Löcher in den Deckel.

2 Fülle die Flasche mit Wasser und schraube den Deckel drauf.

3 Drehe die Flasche zum Gießen auf den Kopf.

SOMMERURLAUB

Du kannst im Sommer beruhigt ein paar Tage wegfahren. Stecke einfach eine gefüllte, selbst gebaute „Gießkanne" in jeden Blumentopf. Bitte deine Lieblingsnachbarn oder Freunde die Beete zu gießen.

TIPP

Du kannst auch eine Sportflasche verwenden. Ziehe zum Gießen einfach den Stutzen hoch.

INFO

Eine größere Pflanze in einem mitteleuropäischen Garten verbraucht etwa 25 Millimeter Wasser pro Woche. Sieh dir die Menge in einem Messbecher an.

SELBST GEMACHTER RASENSPRENGER

DAS BRAUCHST DU:

- GROSSE LEERE PLASTIKFLASCHE
- MARKIERNADEL/ SCHERE
- SCHLAUCHADAPTER
- WASSERHAHN-ADAPTER
- (GARTEN-)SCHLAUCH MIT WASSER-ANSCHLUSS

UND SO GEHT'S:

1. Stich vorsichtig mit der Schere oder Markiernadel mehrere Löcher in die Plastikflasche. Achte dabei darauf, dass die Löcher nicht zu groß werden.
2. Schraube den Schlauchadapter auf die Flasche und verbinde diesen mit dem Gartenschlauch.
3. Wasser marsch!

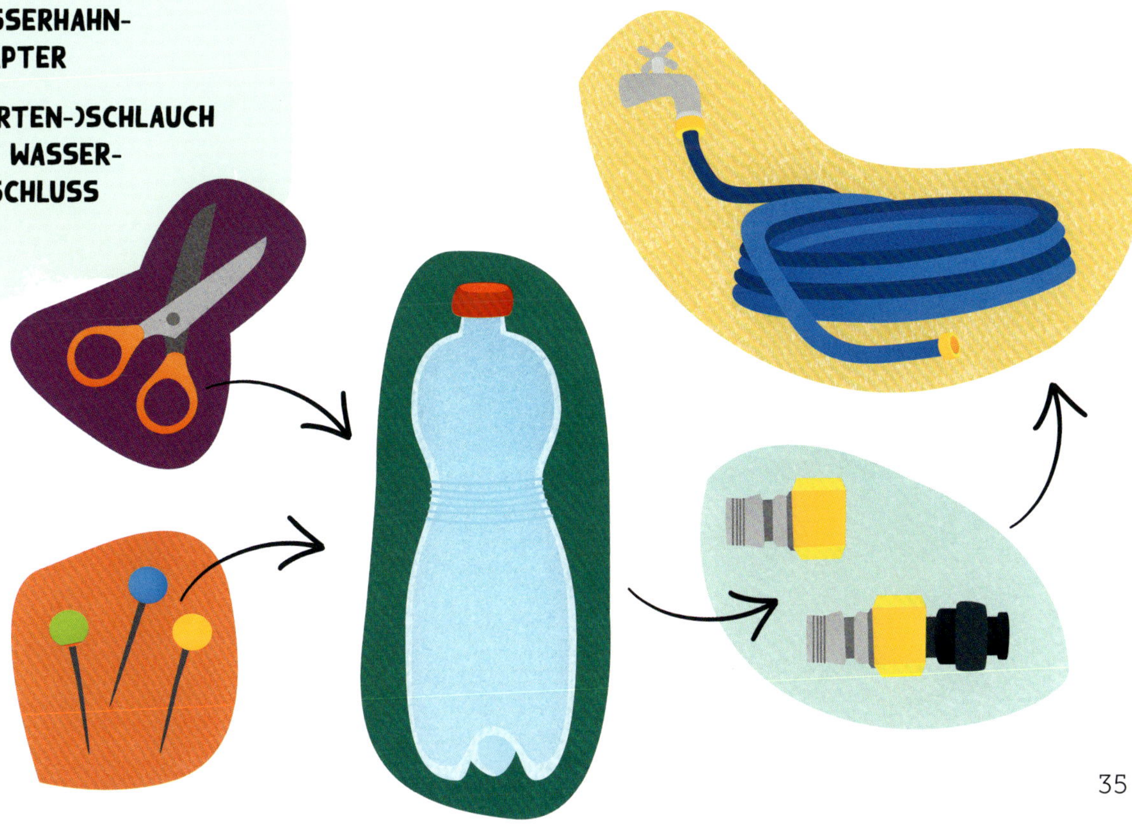

HERBST

Im Herbst ist nicht nur Erntezeit für einige Obst- und Gemüsesorten, sondern auch Zeit für Vorbereitungen für das nächste Jahr. Und langsam kannst du anfangen, all deine Pflanzen fit für den Winter zu machen, denn Kälte mögen die meisten Pflanzen ja nun wirklich nicht.

PFLANZKALENDER

HERBST

Im September ist es Zeit die Überbleibsel der einjährigen Pflanzen aufzuräumen. Ziehe nach der Ernte die verbliebenen Pflanzenteile samt Wurzeln aus der Erde und entsorge sie am besten auf dem Kompost.

DIREKTSAAT

SEPTEMBER

Wintersalate:
Feldsalat, Endivie,
Winterportulak,
Zuckerhut,
Radicchio

ACHTUNG

Wintersalate kommen in der vorhandenen Erde zurecht. Du solltest sie nicht düngen.

SAATGUT SAMMELN

Du kannst von einigen Gemüsesorten die Samen sammeln und bis du sie einpflanzt aufbewahren. So hast du immer genügend Saatgut für die nächste Saison.

DAS BRAUCHST DU:

- **REIFES GEMÜSE**

UND SO GEHT'S:

PAPRIKA UND CHILI

1 Ernte deine Paprika- oder Chilipflanzen.

2 Trenne die Samen im Inneren der reifen Früchte von den weißen Scheidewänden.

3 Lasse sie trocknen.

4 Fülle sie in Schraubgläser lagere sie bis zur Aussaat dunkel.

SALAT

1 Warte, bis dein Salat blüht.

2 Befreie den Blütentrieb regelmäßig von verwelkten Blättern.

3 Du kannst die Salatsamen etwa drei Wochen nach der Blüte ernten.

4 Die Salatblätter werden durch die Blüte leider bitter und schmecken nicht mehr gut.

TIPP

Bastle für die Aufbewahrung Saatgut-Tüten (S. 40).

BUNTE SAATGUTTÜTCHEN

Bestimmt hast du jetzt jede Menge Saatgut gesammelt. In diesen bunten Saatguttütchen kannst du deine Samen aufbewahren und verschenken.

DAS BRAUCHST DU:

- KOPIERER
- KARTON
- BUNTES, BEDRUCKTES PAPIER
- SCHERE
- BLEISTIFT
- FINELINER/ BUNTSTIFT
- TACKER

UND SO GEHT'S:

1 Kopiere die Vorlage. Schneide sie aus und zeichne die Umrisse auf den Karton. Dann schneidest du den Karton als Schablone aus.

2 Drehe einen Bogen buntes Papier auf die Rückseite. Lege die Schablone auf und zeichne sie mit dem Bleistift ab. Schneide die Form aus.

3 Falte die Laschen entlang der Linien nach innen. Trage Kleber auf einer kleinen und der großen Lasche auf. Klebe die Tütchen zu.

4 Beschrifte das Tütchen mit Fineliner oder Buntstift.

5 Fülle das Saatgut ein und verschließe die Tüte mit dem Tacker.

VORLAGE SAATGUTTÜTCHEN

Mit dieser Vorlage kannst du das Saatguttütchen basteln.

An diesen Linien wird gefaltet:

ECHTE ÜBERLEBENSKÜNSTLER: BLUMENZWIEBEL

Für eine Blütenpracht im Frühling müssen vor dem ersten Frost die Blumenzwiebeln in die Erde. Die Blumenzwiebeln sind echte Überlebenskünstler und überstehen Kälte und Frost.

DAS BRAUCHST DU:

- **BLUMENZWIEBELN Z.B. VON TULPEN, TRAUBENHYAZINTHEN, NARZISSEN, KROKUSSE, SCHNEEGLÖCKCHEN**
- **BALKONKASTEN**
- **ERDE**
- **GIESSKANNE**

UND SO GEHT'S:

1. Fülle Erde in den Balkonkasten bis der Boden leicht bedeckt ist. Lege die großen Zwiebeln von Tulpen und Narzissen hinein. Bedecke sie mit einer Schicht Erde.
2. Lege als zweite Schicht die Zwiebeln der Traubenhyazinthen in den Kasten. Gib wieder Erde zu.
3. Fülle zum Schluss die kleinen Zwiebeln der Schneeglöckchen und Krokusse in den Kasten. Decke sie mit Erde ab.
4. Befeuchte die Erde mit Wasser.

SCHNEEGLÖCKCHEN UND KROKUSSE SIND NÜTZLICH ALS FRÜHE NAHRUNGSQUELLE FÜR BIENEN.

So sehen Blumenzwiebeln aus. Tatsächlich ähneln sie vom Aussehen ihrem Namensvetter:

WINTER

Wenn die Tage kürzer und kälter werden, brauchen deine Pflanzen, besonders die im Freien, ein bisschen mehr Aufmerksamkeit, damit du sie gut durch den Winter bringst.

PFLANZKALENDER

WINTER

Winterzeit ist Kohlzeit! Dieses leckere Gemüse kommt mit Kälte zurecht.

ZUR ERNTE IM WINTER

Grün-, Palm-, Rosen- und Sibirischer Kohl, Winterwirsing, -lauch, Wintersalate, Blattsenf, Rüben: Möhren, Pastinaken, Wurzel: Topinambur

ZUR ERNTE IM FRÜHJAHR

Wintersalate, Winter- und Sprossenbrokkoli, Stängelkohl, Winterblumenkohl, Blattsenf, Wintererbsen, Treibmöhren

INFO

Achte darauf, dass die Wurzeln nicht einfrieren und mache deinen Garten winterfest (S. 50/51).

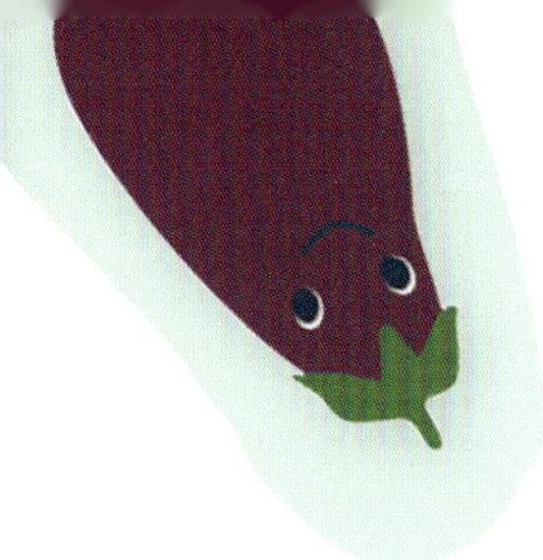

WINTERGEMÜSE
ROSENKOHL

Rosenkohl benötigt fast das ganze Jahr, um zu wachsen. Mit diesen Tipps kannst du die kleinen Röschen von Spätherbst bis Februar ernten.

DAS BRAUCHST DU:

- **BEET**
- **SAATGUT**
- **HARKE**
- **VIEL GEDULD**

UND SO GEHT'S:

1. Im April säst du das Saatgut in kleine Töpfe und ziehst Jungpflanzen vor.
2. Ab Mai kannst die Töpfe regelmäßig gießen. Rosenkohl braucht nur wenig Bio-Dünger.
3. Pflanze den Kohl Ende Juni ins Beet. Halte einen Abstand von 40 mal 70 cm ein. Häufle die Erde bis zu den untersten Blättern an.
4. Über den Juli kannst du das Unkraut in der Nähe der Kohls jäten und dabei regelmäßig den Boden mit der Harke vorsichtig lockern.
5. Im August brichst du die Spitze der Pflanze ab, sobald die untersten Röschen so groß sind wie eine Haselnuss.
6. Du kannst Rosenkohl ab September ernten. Lasse ihn im Winter im Beet stehen.

Rosenkohl wurde in Brüssel gezüchtet und war lange bekannt als Brüsseler Kohl.

DEIN GARTEN IM DORNRÖSCHENSCHLAF

Im Winter ruht sich der Garten aus. Mit diesen Tipps bereitest du ihn auf kalte Temperaturen und Schneefall vor. Übriges Gemüse kannst du lagern oder einkochen.

Stelle nicht winterharte Balkonkräuter und kleinere Töpfe nach drinnen. Optimal ist ein heller, kühler Raum mit Temperaturen um 10 Grad. Am besten eignet sie ein unbeheizter Kellerraum oder eine Garage mit Fenster.

Winterharte Kräuter brauchen Schutz, damit die Wurzeln nicht einfrieren. Umwickle die Kästen mit Noppenfolie, Sackleinen oder Vlies. Passe auf, dass Wasser weiterhin gut abfließen kann.

INFO

Auch im Winterquartier benötigen deine Pflanzen für die Fotosynthese ausreichend Wasser und Licht. Lasse besonders deine Kräuter nicht austrocknen und gieße sie leicht.

BESUCH IM GARTEN

Bei Frost und Schnee finden manche Tiere in der Natur nicht genügend Futter. Locke mit einem Futterhäuschen oder Meisenknödeln heimische Wildvögel wie Meisen, Finken und Rotkehlchen an. Auf S. 68 findest du eine Anleitung dazu. Über ein Nusssäckchen freuen sich auch Eichhörnchen.

ÜBERSICHT KRÄUTER

Kräuter kannst du im Winter hervorragend drinnen anbauen. Wenn sie gewachsen sind, kannst du sie pflücken und dein Essen damit verfeinern – lecker!

SALATLIEBE

SCHNITTLAUCH

PETERSILIE

KAPUZINERKRESSE

MEDITERRANE KÜCHE

ROSMARIN

BASILIKUM

OREGANO

ERFRISCHENDE LIMO

ZITRONENMELISSE

WALDMEISTER

LAVENDEL

SCHMACKHAFTER TEE

SALBEI

KAMILLE

MINZE

INFO

Auf der nächsten Doppelseite erfährst du, was deine Kräuter im Winter brauchen.

INDOOR KRÄUTERGARTEN

Hier erfährst du, welche Kräuter drinnen oder draußen überwintern können und welche du nach der Ernte trocknen kannst.

	SONNE	WASSER	DAUER	WINTER
ROSMARIN	☀	💧	MEHRJÄHRIG	DRINNEN
KAMILLE	☀	💧	EINJÄHRIG	TROCKNEN
BASILIKUM	☀	💧💧	EINJÄHRIG	TROCKNEN
PETERSILIE	☀	💧💧	ZWEIJÄHRIG	DRAUSSEN
OREGANO	☀	💧💧	MEHRJÄHRIG	DRAUSSEN
ZITRONENMELISSE	☀	💧💧	MEHRJÄHRIG	DRAUSSEN
LAVENDEL	☀	💧💧	MEHRJÄHRIG	DRINNEN
SALBEI	☀	💧💧	MEHRJÄHRIG	DRAUSSEN
MINZE	☀	💧💧💧	MEHRJÄHRIG	DRAUSSEN
SCHNITTLAUCH	☀ ⛅	💧💧💧	MEHRJÄHRIG	DRAUSSEN
KAPUZINERKRESSE	☀ ⛅	💧💧	EINJÄHRIG	TROCKNEN
WALDMEISTER	☁	💧💧	MEHRJÄHRIG	DRAUSSEN

VORRAT ANLEGEN

Eins ist ganz klar: Frisch gezupfte Kräuter schmecken am besten. Aber: Durch Trocknen kannst du sie konservieren und kleine Tee- und Gewürzvorräte für den Winter anlegen.

DAS BRAUCHST DU:

- FRISCHE KRÄUTER
- GARTENSCHERE
- JUTESCHNUR
- SCHRAUBGLÄSER

UND SO GEHT'S:

1 Schneide die Stiele lang ab. Schüttele sie aus, damit sich keine Insekten mehr zwischen den Blättern verstecken.

2 Lege die Stiele zum Trocknen auf die Fensterbank, wenn sie feucht sind.

3 Binde die trockenen Stiele mit Juteschnur zu kleinen Sträußen zusammen.

4 Hänge sie kopfüber zum Trocknen in der Küche auf.

5 Warte bis die Kräuter komplett getrocknet sind. Dann streifst du die Blätter vorsichtig von den Stielen in ein Schraubglas.

INFO

Im Glas sind die Kräuter den ganzen Winter haltbar.

BASTEL PROJEKTE

Es gibt so viele tolle Sachen, die du für deinen Garten oder dein Balkon-Beet basteln kannst. Lass dir am besten immer von einem Erwachsenen helfen, wenn du mit Schere, Zirkel und Co arbeitest.

! GANZ WICHTIG

Oft brauchst du zum Basteln ein paar spitze Werkzeuge wie z. B. eine Schere oder auch eine Zange. Damit du dich nicht verletzt, lass dir hier immer von deinen Eltern helfen.

WUNDER-WURMKISTE

Bio- und Gartenabfälle in den Müll? Im Gegenteil! Mit einer Wurmkiste kannst du sie nämlich ganz leicht in Kompost umwandeln! Deine Eltern sollten dir unbedingt beim basteln einer solchen Kiste helfen.

DAS BRAUCHST DU:

- **PLASTIKWANNE MIT DECKEL, BIS 20 CM HOCH**
- **STECHAHLE**
- **ZEITUNGEN**
- **ERDE**
- **500 KOMPOST-WÜRMER**

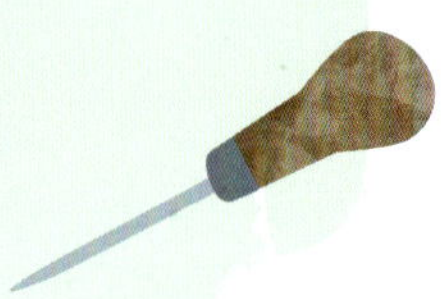

UND SO GEHT'S:

1 Zuerst musst du deine Kiste mit Luftlöchern versehen: Stich dafür mit der Ahle etwas unterhalb des Wannenrandes eine Reihe von Löchern ein. Lass dir hier von einem Erwachsenen helfen.

2 Zerreiße das Zeitungspapier in schmale Streifen. Achte darauf, dass du kein Papier mit Hochglanzdruck verwendest. Danach tauchst du die Streifen in Wasser und wringst sie vorsichtig aus.

3 Lege das feuchte Zeitungspapier nun in deine Wanne, bis diese etwa zu ¾ gefüllt ist.

4 Jetzt gibst du zwei Handvoll Erde in die Wanne. So können die Würmchen ihre Nahrung gut verdauen und sich verstecken.

5 Die Würmer kannst du jetzt auch in die Wanne geben und den Deckel schließen.

SO FUNKTIONIERT DIE
WURMKISTE

Die kleinen Kompostier-Helfer brauchen etwas Zeit, um sich einzugewöhnen. Aber nach 1–2 Tagen kannst du sie mit Bio- und Gartenabfällen füttern. Nach einigen Wochen haben die Würmer die Abfälle zu Kompost verarbeitet, den du dann in deinem Garten oder in den Blumentöpfen verstreuen kannst.

Das mögen die Würmer sehr gerne:

- Kaffeesatz
- Gemüse- und Obstabfälle
- Eingeweichtes Brot
- Teesäckchen
- Pflanzenreste
- Eierschalen

Und das mögen sie überhaupt nicht:

- Knochen
- Fleisch
- Milchprodukte
- Chemikalien
- Gekochtes oder Gesalzenes
- Zitrusfrüchte

KLEINER GESCHENK-GARTEN

Ein Frühstücksei oder ein Omelett sind nicht nur ein leckerer Start in den Tag, aus den Eierschalen kannst du dein eigenes erstes Mini-Gärtchen gestalten! Also nicht ab in den Biomüll mit den Schalen, sondern ausgespült mit Wasser wieder zurück in den Eierkarton.

DAS BRAUCHST DU:

- LEERE EIERKARTONS
- EIERSCHALEN
- ANZUCHTERDE
- SAATGUT
- KLEINE, SAUBERE PLASTIKSPRITZE

UND SO GEHT'S:

1. Entferne den Deckel vom Eierkarton und stelle ihn unter den Boden des Kartons. So dringt kaum Nässe durch den Eierkarton und macht ihn stabiler.
2. Lege die Eierschalen in den Karton und fülle diese mit Anzuchterde.
3. Mit dem Finger kannst du eine kleine Mulde in die Erde drücken und dann die Samen hineinlegen und dann wieder mit etwas Erde bedecken.
4. Stelle dein Mini-Gärtchen an einen Ort, wo er viel Licht bekommt. Am besten eignet sich dazu eine warme Fensterbank.
5. Nun heißt es regelmäßig gießen. Dafür eignet sich eine kleine Plastikspritze.

MINI-GEWÄCHSHAUS

Manchmal kommt man einfach um Plastikverpackungen nicht herum. Aber dieses Mini-Gewächshaus ist eine tolle Möglichkeit zwei Plastikschalen einen neuen Zweck zu verpassen und Müll vermeidest du damit auch noch!

DAS BRAUCHST DU:

- 2 LEERE PLASTIKSCHALEN
- ANZUCHTERDE
- SAATGUT

UND SO GEHT'S:

1 Fülle die erste Plastikschale gleichmäßig mit Anzuchterde. Zum Rand sollten noch ca. 2 cm frei sein.

2 Jetzt kannst du auch schon aussäen! In diesem Mini-Gewächshaus fühlen sich alle Samen pudelwohl. Stecke sie vorsichtig in die Erde.

3 Bedecke nun die Samen mit einer dünnen Schicht Erde, feuchte sie noch ein wenig an und ab mit dem Deckel drauf.

SO FUNKTIONIERT DAS MINI-GEWÄCHSHAUS

Stelle das Gewächshäuschen auf eine Fensterbank, die viel Licht abbekommt. Dank dem Deckel sammelt sich drinnen Wärme und Feuchtigkeit. Dadurch keimen die Samen schneller und sie laufen auch nicht Gefahr auszutrocknen, weil das gesammelte Wasser nicht verdampfen kann.

MINI-GARTENTEICH

Für einen Teich braucht es nicht immer einen großen Garten. Denn auch mit einer kleinen Blechwanne kann man einen kleinen Teich anlegen. Ideal für den Balkon!

DAS BRAUCHST DU:

- **ALTE BLECH-SCHÜSSEL ODER WANNE**
- **EIN PAAR GROSSE STEINE**
- **BINSEN**
- **WASSERMINZE**
- **FRISCHES WASSER**

UND SO GEHT'S:

1 Platziere die Steine in der Wanne. Manche Wasserpflanzen wollen nämlich nicht ganz unter Wasser stehen und brauchen eine leichte Erhöhung. Außerdem ist ein Stein eine gute Landestelle für Vögel, die in deinem Teich ein Bad nehmen und daraus trinken können.

2 Nun kannst du die Pflanzen hineinsetzen. Am besten topfst du sie vorher in leere Plastikschalen (z. B. von Erdbeeren) um.

3 Wasser marsch: Gieße langsam frisches Wasser in die Wanne ein. So wird wenig Erde aufgewirbelt und der Teich bleibt schön sauber.

PFLANZENSCHILDCHEN BASTELN

Um bei all deinen Kräutern und Pflanzen den Überblick zu behalten, wäre es doch toll, ihnen kleine Namensschildchen zu basteln!

DAS BRAUCHST DU:

- **LEERE SAUBERE MILCHTÜTEN**
- **SCHERE**
- **WASSERFESTER STIFT**

UND SO GEHT'S:

1 Schneide die Milchtüte in der Mitte mit der Schere durch.

2 Nun kannst du aus den beiden Hälften 1,5 cm dünne Streifen schneiden. Deckel und Boden kannst du entsorgen.

3 Die Form der Schildchen ist nun fertig. Jetzt müssen sie nur noch beschriftet und zu den zugehörigen Pflanzen und Kräutern gesteckt werden.

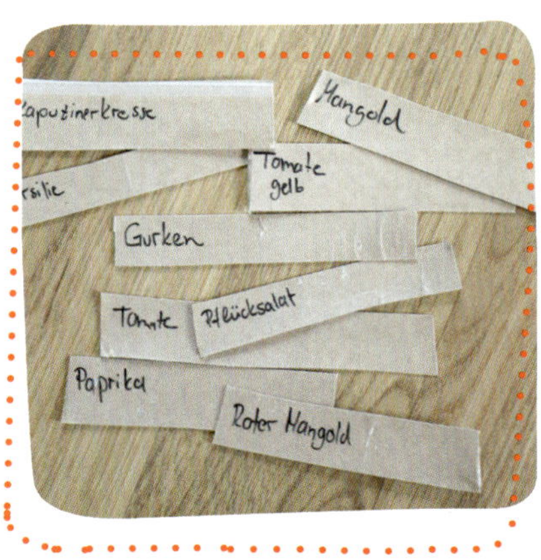

PFLANZENSCHILDER AUS HOLZ

Bring Farbe ins Spiel und bastel dir auch ein paar bunte Namensschildchen aus Holzstäbchen für deine Pflanzen!

DAS BRAUCHST DU:

- HOLZ-PFLANZEN-SCHILDER CA. 20 CM LANG
- BUNTE BASTEL-FARBEN
- PINSEL
- WASSERFESTE STIFTE

UND SO GEHT'S:

1 Bemale eine Holzseite gleichmäßig mit Bastelfarbe. Achte darauf, auch die Kanten ausreichend mit Farbe zu bedecken.

2 Wenn alle Pflanzenschilder auf der einen Seite bemalt sind, muss die Farbe gut trocknen. Bemale anschließend die Rückseite und lass die Farbe noch mal sehr gut trocknen.

3 Jetzt können die Schildchen mit einem wasserfesten Stift beschriftet werden und ab damit in die Blumen- und Kräutertöpfe!

TIPP

Auf diese Weise kannst du ganz viele Dosen füllen und sie mit Heißkleber zusammenkleben. So entsteht ein richtiges Luxushotel für die kleinen Krabbler. Bitte auch hier deine Eltern dir zu helfen, da du dich am Kleber verbrennen kannst.

INSEKTEN-HOTEL

ACHTUNG

Vorsicht mit dem Heißkleber! Bitte deine Eltern hier unbedingt dir zu helfen.

Mit einem Insektenhotel kannst du Nützlingen im Garten und auf dem Balkon eine Nisthilfe bieten, und so Wildbienen und anderen Nützlingen helfen, um den Kreislauf der Natur zu unterstützen.

DAS BRAUCHST DU:

- **FÜLLMATERIAL WIE LEHM, SCHILF, BAMBUS (TROCKEN ODER FRISCH), STROH, MARKIGE STÄNGEL WIE BROMBEERE, HOLUNDER, HIMBEERE, REET, TOTHOLZ ODER KLEINE ÄSTE**
- **HEISSKLEBER**
- **GARTENSCHERE**
- **KORDEL ODER PAKETBAND**
- **ZANGE**
- **SCHLEIFPAPIER**

UND SO GEHT'S:

1. Als erstes müssen die scharfen Dosenkanten mit einer Zange nach innen gebogen werden, damit du dich nicht schneidest. Deine Eltern helfen dir hier sicher gerne.
2. Jetzt geht es an die Füllung! Pflanzenstängel und Bambus sollten bündig mit der Höhe der Dose abgeschnitten und die Schnittstellen abgeschliffen werden. So gehst du sicher, dass sich deine Hotelbewohner nicht an den Flügeln verletzen.
3. Achte darauf, dass deine Dose prall und kompakt mit allerlei Material gefüllt ist. Dann wackelt und rutscht nichts durcheinander.
4. Benutze ggf. etwas Lehm, um die letzten leeren Stellen und Zwischenräume zu stopfen.
5. Wenn alles gefüllt und getrocknet ist, kannst du dein Hotel im Garten oder auf dem Balkon mit einer Kordel aufhängen!

KLEINES

VOGEL-HÄUSCHEN

Über dieses schwebende Buffet freuen sich die gefiederten Piepmätze! Durch das Kegeldach bleibt das Vogelfutter auch bei Regen trocken.

DAS BRAUCHST DU:

- KORKLEDER, 30 X 45 CM
- HEISSKLEBER
- BINDFADEN, STABIL
- 14 NATURKORKEN
- 8 BAMBUSSTÄBE, 20 CM LANG
- SCHRAUBHAKEN
- DRAHT
- ZIRKEL
- SPITZE SCHERE
- ZANGE
- MEISENKNÖDEL

UND SO GEHT'S:

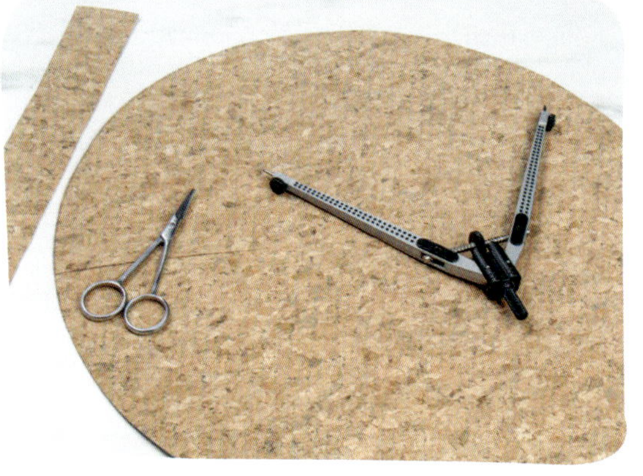

1 Mithilfe des Zirkels einen maximal großen Kreis auf der Korklederplatte vorzeichnen und ausschneiden. Eine Linie vom Mittelpunkt zum Rand ziehen und hier den Kreis aufschneiden. Außerdem einen 4 cm breiten Streifen aus dem Korkrest bereitlegen.

2 Aus dem Kreis nun einen Kegel formen, die Korklagen dabei knapp bis zur Hälfte überlappen lassen und mit Heißkleber befestigen. Ein Stück Faden als Schlaufe durch das enge Loch in der Spitze schieben, das ist die Aufhängung.

3 Die Bambusstäbe mit einer Kneifzange auf 20 cm Länge kürzen. Zweimal je sieben Korken so zusammenkleben, wie es das Foto zeigt. Dann sechs der Stäbe in die Zwischenräume eines Korkblocks stecken und 4 davon mit Klebstoff befestigen.

4 Die beiden übrigen Stäbe lose anlegen, alles stramm mit dem Korklederstreifen umwickeln und diesen mit Heißkleber festkleben.

5 Den Schraubhaken mittig in den zweiten Korkblock eindrehen und diesen am oberen Ende in das Gerüst aus vier Stäben einkleben. Die Gruppe zusätzlich mit Draht umwicklen und diesen an den beiden freien Stellen fest nach innen andrücken.

6 Am unteren Block zwei Bambusstangen ergänzen. Dazu von beiden Seiten ein Loch mit der spitzen Schere vorstechen und die Stäbe dort einschieben.

7 Die Meisenknödel einlegen und den sechsten Stab als Verschluss einsetzen. Den gefüllten Korb an der Schlaufe unter dem Korkdach einhängen.

ACHTUNG

Lass dir hierbei bitte unbedingt von einem Erwachsenen helfen, damit du dich nicht verletzt!

REZEPTE

Jetzt wird es kulinarisch! Aus deinem angebauten Obst und Gemüse kannst du viele herrliche Leckereien zaubern und sie mit deinen Kräutern würzen und verfeinern!

! GANZ WICHTIG

Viele Küchengeräte sind schwer für kleine Hände zu bedienen und auch mit Küchenmessern muss man sehr aufpassen. Lass dir beim Schneiden, Mixen, Anbraten und Kochen unbedingt immer von einem Erwachsenen helfen, damit du dich nicht verletzt.

Es gibt viele Gründe frische Beeren zu verzehren. Sie schmecken herrlich und sind zudem reich an Vitamin A, was für besonders scharfe Augen sorgt, und Vitamin C, mit dem du dein Immunsystem stärkst. Und: Darin steckt ganz viel Kalium, Kalzium und Magnesium, die dein Wachstum unterstützen!

FRUCHTIGE FRÜHSTÜCKSPIZZA

Pizza zum Frühstück? Na klar! Mit dieser fruchtigen Variante startest du nämlich gleich richtig munter in den Tag!

DAS BRAUCHST DU:

FÜR DEN TEIG:

- 2 EL GESCHROTETE LEINSAMEN
- 6 EL WASSER
- 200 G HAFERFLOCKEN
- 250 G APFELMARK

FÜR DAS TOPPING:

- 90 G JOGHURT
- 100 G APFELMARK
- FRÜCHTE NACH WAHL (Z.B. HIMBEEREN, BLAUBEEREN, ERDBEEREN)

UND SO GEHT'S:

1 Den Ofen auf 175 °C Ober-/Unterhitze vorheizen. Die geschroteten Leinsamen in Wasser einweichen und etwa fünf Minuten quellen lassen.

2 Inzwischen die Haferflocken in einen Standmixer geben und zu feinem Hafermehl mixen. Dabei sollten dir deine Eltern helfen. Das Hafermehl in eine Schüssel geben und mit den aufgequollenen Leinsamen und dem Apfelmark zu einem glatten Teig verarbeiten.

3 Den Teig auf einer bemehlten Arbeitsfläche flach ausrollen, auf das Blech legen und im heißen Ofen (Mitte) etwa 15 Minuten backen, bis der Rand eine goldbraune Färbung bekommt.

4 Währenddessen für den fruchtig-frischen Belag den Joghurt mit dem Apfelmark verrühren und die frischen Beeren waschen.

5 Wenn der Teig fertig und ein wenig ausgekühlt ist, das Joghurt-Topping darauf verstreichen und die Beeren darauf verteilen.

TIPP

Du kannst natürlich auch Himbeeren, Brombeeren oder andere Lieblingsbeeren für die Muffins verwenden.

BEERENSTARKE HAFERFLOCKEN-MUFFINS

Beeren liefern dir eine ganze Menge an Vitaminen und Mineralstoffen. Diese leckeren Muffins eignen sich auch hervorragend als kleiner Power-Snack für unterwegs.

DAS BRAUCHST DU:

- 2 BANANEN
- 270 G JOGHURT
- 1 PCK. BACKPULVER
- 2 EL AGAVENDICKSAFT
- 2 EIER
- 200 G HAFERFLOCKEN
- 150 G BLAUBEEREN

UND SO GEHT'S:

1. Den Backofen auf 180 °C Ober-/Unterhitze vorheizen. Ein Muffinblech mit bunten Papierförmchen auslegen.
2. Die Bananen schälen und in grobe Stücke teilen. Anschließend mit Joghurt, Backpulver, Agavendicksaft und Eiern in den Standmixer geben und pürieren. Lass dir hier helfen.
3. Wenn die Bananen-Joghurt-Masse cremig ist, die Haferflocken dazugeben und noch einmal kurz durchmixen.
4. Zuletzt die Blaubeeren waschen, vorsichtig abtrocknen und unter die Masse heben.
5. Die Masse auf die Förmchen verteilen und im heißen Ofen (Mitte) etwa 25 Minuten backen. Die Muffins sind fertig, wenn sie goldbraun sind.

KLEINE PAPRIKA-BRATLINGE

Bratlinge müssen nicht immer aus Fleisch sein. Mit Gemüse schmecken sie nämlich mindestens genauso gut. Wenn du sie kleiner formst, eignen sie sich prima zum Mitnehmen in deiner Pausenbrotbox.

DAS BRAUCHST DU:

- 230 G MAIS (AUS DER DOSE)
- 1/2 ROTE PAPRIKA-SCHOTE
- 1 HANDVOLL PETERSILIE
- 1 EI
- 2 EL OLIVENÖL
- 3 EL MEHL (TYPE 405)
- 1 TL BACKPULVER
- SALZ, PFEFFER

UND SO GEHT'S:

1 Den Mais in einem Sieb abtropfen lassen. Die Paprikaschote putzen, waschen und in kleine Würfel schneiden. Petersilie waschen, trocken tupfen und fein schneiden.

2 Drei Viertel der Maiskörner in einer Schüssel mit einem Stabmixer fein pürieren. Lass dir dabei von deinen Eltern helfen. Den restlichen Mais, Petersilie und Paprikawürfel unter das Püree mischen. Ei und 1 Esslöffel Olivenöl hinzufügen und alles gut vermischen.

3 Das Mehl mit Backpulver in einer kleinen Schüssel mischen und zur Mais-Paprika-Masse geben. Die Masse salzen und pfeffern. Aus der Masse mit feuchten Händen nach Belieben kleine oder größere Bratlinge formen.

4 Das übrige Öl in einer Pfanne erhitzen, die Bratlinge darin auf jeder Seite 2–3 Minuten braten. Vorsicht mit der heißen Pfanne! Deine Eltern sollten dir hierbei helfen. Herausnehmen und warm oder kalt genießen.

TIPP

Geschmacklich kannst du die kleinen Happen noch mit frisch gehackten Kräutern verfeinern. Schau doch mal auf S. 50 vorbei.

KLITZEKLEINE ZUCCHINI-PIZZA

Klein, aber fein! Die winzigen Mini-Pizzen kannst du nach Lust und Laune belegen, mit allem, was dir schmeckt. Probiere es doch einfach mal aus!

DAS BRAUCHST DU:

- 120 ML TOMATENSAUCE
- 2 GROSSE ZUCCHINI
- 8 CHERRYTOMATEN
- 1 EL OLIVENÖL
- GETROCKNETE ITALIENISCHE KRÄUTER (NACH BELIEBEN)
- 120 G GERIEBENER KÄSE

UND SO GEHT'S:

1. Ein Backblech mit Backpapier auslegen.
2. Den Backofen auf 220 °C Ober-/Unterhitze vorheizen. Die Zucchini waschen, putzen und in etwa fingerbreite Scheiben schneiden. Die Cherrytomaten waschen und halbieren.
3. Die Zucchinischeiben auf das Backblech legen, mit Olivenöl bestreichen und im Backofen (mittlere Schiene) etwa 8 Minuten vorbacken.
4. Dann die Zucchinischeiben herausnehmen und mit Tomatensauce bestreichen. Nach Belieben mit italienischen Kräutern würzen. Den Käse darüberstreuen und jeweils 1 Tomatenhälfte obenauf legen. Die Zucchini-Pizza weitere 8 Minuten im Backofen backen. Fertig ist die Mini-Pizza!

INFO

In Sachen Vitaminen und Mineralstoffen sind Erbsen ganz weit vorn. Die Reichhaltigkeit an Eisen, Magnesium, Kalzium und Zink sorgt dafür, dass deine Muskeln, Zähne und Knochen gut versorgt sind und kräftig wachsen können.

SUPERGRÜNE ERBSENSUPPE

Hui, die leuchtet ja ganz schön giftig-grün! Aber keine Angst, hier wird niemand vergiftet – im Gegenteil: Erbsen sind ziemlich gesund. Am besten verarbeitet man Erbsen direkt nach der Ernte, dann schmecken sie am besten.

DAS BRAUCHST DU:

- **4 GROSSE MEHLIG KOCHENDE KARTOFFELN**
- **1 ZWIEBEL**
- **1 EL RAPSÖL**
- **2 EL GEMÜSEBRÜHE**
- **750 G ERBSEN**

UND SO GEHT'S:

1. Die Kartoffeln waschen und schälen. Die Zwiebel schälen. Beides in freche Würfel schneiden.
2. Das Rapsöl in einem Topf erhitzen, die Zwiebel darin in etwa 2 Minuten goldbraun dünsten. Etwa 1 Liter Wasser, die Gemüsebrühe und die Kartoffelwürfel dazugeben. Alles aufkochen und etwa 10 Minuten köcheln lassen.
3. Die Erbsen dazugeben und alles in weiteren 10 Minuten weich garen. Den Topf zur Seite stellen und das Gemüse mit einem Stabmixer fein pürieren. Lass dir auch hierbei von einem Erwachsenen helfen. Und schon ist die Erbsensuppe fertig zum Löffeln.

GEFÜLLTE PAPRIKA

Wusstest du, dass Paprika unter anderem ganz schön viel Kalzium und Magnesium enthält? Besonders Kalzium sorgt dafür, dass deine Knochen und Zähne wachsen und stark werden.

DAS BRAUCHST DU:

- 85 G QUINOA
- 200 G KIDNEYBOHNEN (AUS DER DOSE)
- 1 KLEINE ZWIEBEL
- 1 EL OLIVENÖL
- 250 G GEMISCHTES HACKFLEISCH
- 1 DOSE GESCHÄLTE TOMATEN (400 G INHALT)
- SALZ, PFEFFER
- 4 BUNTE PAPRIKA-SCHOTEN

UND SO GEHT'S:

1. Quinoa nach Packungsangabe garen. Inzwischen die Kidneybohnen abtropfen lassen. Die Zwiebel schälen und in feine Würfel schneiden.
2. Das Olivenöl in einer Pfanne erhitzen, die Zwiebel darin glasig dünsten und anschließend das Hackfleisch anbraten. Die Dosentomaten und Kidneybohnen hinzufügen und aufkochen. Mit Salz und Pfeffer würzen.
3. Nun den Backofen auf 190 °C Ober-/Unterhitze vorheizen. Quinoa mit dem Hackfleisch und der Bohnen-Tomaten-Mischung in einer Schüssel gut mischen.
4. Die Paprikaschoten halbieren, putzen und waschen. Oder die Paprika waschen und auf der Seite mit dem Stiel jeweils einen Deckel abschneiden und die Paprika putzen. Die Paprikaschoten mit der Hackfleisch-Quinoa-Mischung füllen und in eine Auflaufform geben. Im Backofen (mittlere Schiene) 20 Minuten garen. Fertig ist die gefüllte Paprika.

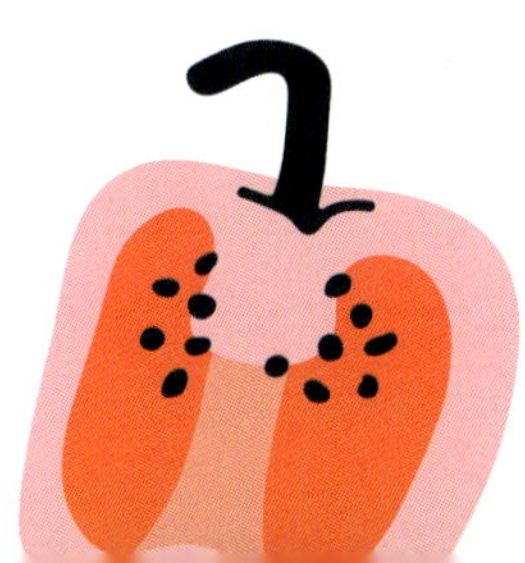

INFO

Zucchinis enthalten eine hohe Menge an Vitamin C. Dies ist besonders wichtig für ein starkes Immunsystem. Also immer her mit dem grünen Gemüse.

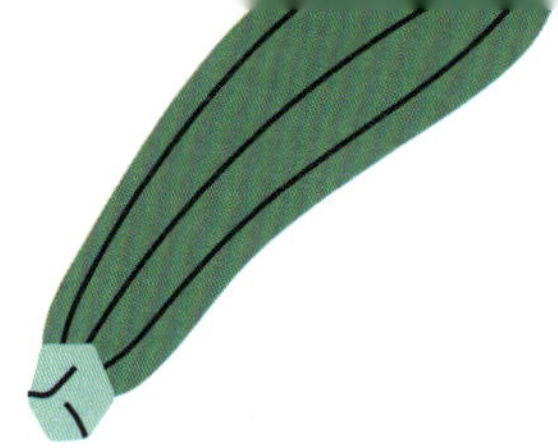

REIS MIT ZUCCHINI

Es ist Sommer und du hast Zucchini geerntet? Dann verarbeite sie beim nächsten Grillabend mit deinen Eltern zu einer leckeren Reisbeilage!

DAS BRAUCHST DU:

- 1 EL GEMÜSEBRÜHE
- 200 G REIS
- 1 ZUCCHINI
- 60 G GERIEBENER PARMESAN
- 1-2 EL BUTTER

UND SO GEHT'S:

1. Etwa 500 ml Wasser und die Gemüsebrühe in einen Topf geben und aufkochen. Den Reis dazugeben und nach Packungsangabe garen.
2. Inzwischen Zucchini waschen, putzen und auf einer Küchenreibe fein raspeln.
3. Den Reis in ein Sieb abgießen und wieder in den Topf geben. Zucchiniraspel, Parmesan und Butter hinzufügen und unter den Reis mischen. Den Zucchini-Reis zugedeckt bei niedriger Hitze noch etwa 5 Minuten ziehen lassen.

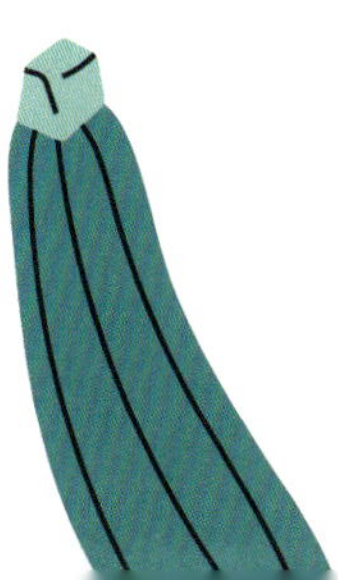

TIPP

Belege deine Pizza mit deinem Lieblingsgemüse und allem, was du sonst noch gerne magst.

EINFACHE PIZZA

Pizza ist einfach super-lecker! Die Tomatensauce dafür kannst du aus deinen eigenen Tomaten herstellen. Wie das geht, erfährst du auf Seite 89.

DAS BRAUCHST DU:

- 1 PÄCKCHEN HEFE
- 360 G WEIZENVOLLKORNMEHL
- 1 EL OLIVENÖL
- 1 TL SALZ
- 100 ML PIZZASAUCE (PIZZASAUCE, SIEHE SEITE 89)
- BELAG DEINER WAHL
- 200 G GERIEBENER KÄSE

UND SO GEHT'S:

1 Die Hefe nach Packungsangabe mit lauwarmem Wasser verrühren. Dann die angerührte Hefe mit dem Mehl in einer Schüssel vermengen. 180 ml Wasser, Olivenöl und Salz dazugeben und mit den Knethaken des Handrührgeräts so lange kneten, bis ein elastischer Teig entstanden ist. Je nach Konsistenz eventuell noch etwas Wasser unterkneten.

2 Den Teig zugedeckt an einem warmen Ort so lange ruhen lassen, bis er die doppelte Größe angenommen hat. Den Backofen auf 220 °C Ober-/Unterhitze vorheizen.

3 Anschließend den Teig auf einem Backblech ausrollen und die Pizzasauce darauf verteilen. Den Teig nach Belieben belegen. Den Belag mit Käse bestreuen und die Pizza im Backofen (mittlere Schiene) ca. 10 Minuten backen.

TIPP

Die Sauce kannst du auch auf Vorrat herstellen und prima einfrieren.

TOMATENSAUCE FÜR PIZZA & PASTA

Ob für Spaghetti mit Toamtensauce, Aufläufe oder Gulasch – mit selbstgezüchteten Tomaten kannst du eine ganze Bandbreite an Gerichten zubereiten.

DAS BRAUCHST DU:

- 100 G PILZE (Z. B. CHAMPIGNONS)
- 1 STANGE STAUDEN-SELLERIE
- 1 MÖHRE
- 1 ZWIEBEL
- 1 KNOBLAUCHZEHE
- 1 EL OLIVENÖL
- 1 DOSE TOMATEN (400 G INHALT)
- 1 TL GETROCKNETE GEWÜRZE (NACH BELIEBEN, Z. B. OREGANO, THYMIAN)
- SALZ

UND SO GEHT'S:

1. Die Pilze putzen, trocken abreiben und würfeln. Den Staudensellerie waschen und putzen. Die Möhre putzen und schälen. Zwiebel und Knoblauch schälen. Das Gemüse und die Zwiebel in Würfel schneiden. Den Knoblauch durch die Presse drücken.
2. Das Olivenöl in einer Pfanne erhitzen, Zwiebeln und Knoblauch darin glasig dünsten. Staudensellerie und Möhre dazugeben und etwa 5 Minuten mitdünsten, bis das Gemüse weich ist.
3. Die Pilze und Tomaten hinzufügen. Nach Belieben mit getrockneten Gewürzen und Salz würzen. Alles aufkochen und offen bei mittlerer Hitze 15 Minuten köcheln lassen. Das weiche Gemüse in eine Schüssel geben und mit einem Stabmixer fein pürieren. Fertig ist die Sauce!

TIPP

Du kannst deine Quiche auch mit Pilzen, Spinat, Paprika oder Zucchini zubereiten. Probiere es gern mit deinem Lieblingsgemüse aus!

LECKERE LAUCH-QUICHE

Ein leckeres Gericht, gefüllt mit echtem Power-Gemüse: Lauch und Tomaten sind reich an Vitamin C, was für ein starkes Immunsystem sorgt und gut für deine Knochen ist.

DAS BRAUCHST DU:

- 1 STANGE LAUCH
- 5-6 KLEINE TOMATEN
- 2 EL OLIVENÖL
- 250 ML MILCH
- 3 EIER
- SALZ, PFEFFER
- 1 PCK. BLÄTTERTEIG (CA. 270 G)
- 50 G GERIEBENER KÄSE

UND SO GEHT'S:

1 Den Lauch putzen, waschen und in feine Streifen schneiden. Die Tomaten waschen und halbieren. Den Backofen auf 180 °C Ober-/Unterhitze vorheizen. Das Olivenöl in einer Pfanne erhitzen, den Lauch darin 5–7 Minuten dünsten. Die Pfanne zur Seite stellen.

2 Milch, Eier, 1 Prise Salz und Pfeffer in einer Schüssel verrühren. Die mit Backpapier ausgelegte Form mit Blätterteig auslegen (den Teig eventuell zuvor ausrollen), dabei nach Belieben einen Rand eindrehen. Den Lauch und die Tomaten darauf verteilen. Die Eier-Milch-Mischung darübergießen und den Käse darauf verteilen.

3 Die Quiche im Backofen (mittlere Schiene) 45 Minuten backen. Anschließend herausnehmen und fertig ist die leckere Lauch-Quiche.

FRUCHTIGER ERDBEER-SMOOTHIE

Die herrliche, knallrote, saftige Erdbeere! Super für das Immunsystem, so lecker und so toll kombinierbar. Wie bei diesem Sommer-Smoothie mit Minze. Die Blätter sind nicht nur dekorativ, sondern wirken beruhigend.

DAS BRAUCHST DU:

- 12 MINZBLÄTTER
- 250 G ERDBEEREN
- 1/2 BANANE
- 100 ML WASSER

UND SO GEHT'S:

1 Die Minzblätter vom Strauch abzupfen, waschen und trockenschütteln.

2 Gemeinsam mit den Erdbeeren, der halben Banane und Wasser in den Mixer geben und alles schön fein pürieren.

3 In ein Glas füllen und die Vitaminbombe genießen!

GURKEN-APFEL-SMOOTHIE

Gurken bestehen hauptsächlich aus Wasser und Äpfel beinhalten über 30 Vitamine und Spurenelemente! Das hier ist wohl einer der gesündesten Smoothies überhaupt. Und dabei noch sooo lecker!

DAS BRAUCHST DU:

- 1 APFEL
- 1/2 SALATGURKE
- SAFT VON 1/2 ZITRONE
- 6 MINZBLÄTTER
- 150 ML WASSER
- 1 EL HONIG, NACH BELIEBEN

UND SO GEHT'S:

1. Den Apfel in grobe Stücke schneiden und das Gehäuse entfernen.
2. Auch die Salatgurke in grobe Stücke zerteilen.
3. Die Minzblätter waschen und trocken schütteln und mit den restlichen Zutaten in einem Mixer fein pürieren.
4. Nach Belieben kann der Smoothie mit etwas Honig gesüßt werden.

TIPP

Schmeckt auch übrigens mit einem Himbeer-Topping fruchtig lecker.

ERDBEER-KÄSEKUCHEN

Ein herrlicher Nachtisch! Und dafür brauchst du nicht mal extra Zucker, denn die Erdbeeren verleihen diesem Kuchen eine ganz natürliche Süße.

DAS BRAUCHST DU:

- 250 G DINKEL-BUTTERKEKSE
- 95 G WEICHE BUTTER
- 1 BIO-ZITRONE
- 2 BECHER (500 G) MAGERQUARK (20 % FETT)
- 405 G GRIECHISCHER JOGHURT
- 4 EIER
- 1/4 TL SALZ
- 500 G ERDBEEREN

UND SO GEHT'S:

1 Den Backofen auf 160 °C Ober-/Unterhitze vorheizen. Backpapier auf den Boden einer Springform (26 cm) spannen.

2 Die Kekse in einen Gefrierbeutel geben und mit einem Nudelholz fein zerdrücken. Die Butter schmelzen und unter die Kekskrümel mischen. Die Mischung auf dem Boden der Springform verteilen und fest andrücken.

3 Zitrone heiß waschen, abtrocknen und die Schale in Zesten abziehen. Mit Quark, Joghurt, Eiern und Salz in einer Schüssel mit einem Schneebesen verrühren.

4 Die Quarkmischung gleichmäßig auf dem Keksboden verteilen. Im heißen Ofen (Mitte) eine Stunde backen. Danach auskühlen lassen.

5 Für das Topping die Erdbeeren waschen und putzen. 10 Erdbeeren abnehmen und in Scheiben schneiden, den Rest mit einem Stabmixer fein pürieren.

6 Die Erdbeerscheiben kreisförmig auf dem Kuchen verteilen. Das Erdbeerpüree darübergießen und das große Schlemmen kann beginnen.

IMPRESSUM

Covergestaltung, Layout und Satz: Celina Reiser
Produktmanagement und Lektorat: Franziska Pfister
Redaktion: Laura Gindhart
Texte: Silvia Appel (S. 8, 9, 21, 32, 40, 42, 58–64); Nadja Buchczik (S. 20, 38, 50); Natacha Neumann, erdbär GmbH (S. 72–94); Annette Holländer (S. 9, 24, 25); Martina Lammel (S. 68); Irina Pawassar (S. 90)
Bildnachweis: Silvia Appel (S. 8, 9, 21, 32, 41, 42, 53, 58–64); Nadja Buchczik (S. 49); Sabrina Sue Daniels (S. 72–94); Martina Lammel (S. 68); Brigitte Sporrer (S. 90, 91)
Illustrationen: Pia von Miller (S. 11, 12/13, 27, 32/33, 34/35, 40, 48, 56/57)
Weitere Illustrationen: © bubutu/Shutterstock (S. 43); © Frau Cosmic/Shutterstock (S. 28); © Heike Rau/Shutterstock (S. 66); © Maria Evseyeva/Shuttertsock (S. 36); © JRB67/Shutterstock (S. 47);© Peter Turner Photography/Shutterstock (S. 9); © Photo_Olivia/Shutterstock (S. 31); © SewCream/Shutterstock (S. 58); © lcrms/Shutterstock (S. 54); © Sofia Apkalikova/Shutterstock (S. 70); © tar9/Shutterstock (S.60)

Druck und Bindung: Polygraf Print, Čapajevova 44, 08001 Prešov, Slowakei

Vielen Dank an die Frechen Freunde für die super leckeren und frechen Rezepte!